27
Ln 12520.

AMENDEMENT LESURQUES

AMENDEMENT

LESURQUES

NOTICE HISTORIQUE

PAR

LE BARON DE JANZÉ

<hr>

PARIS

IMPRIMERIE POUPART-DAVYL ET Cᵉ

30, RUE DU BAC, 30

1864

AMENDEMENT

PROPOSÉ A LA COMMISSION DU BUDGET

Le 5 août 1796, Joseph Lesurques, victime de sa fatale ressemblance avec Dubosq, fut condamné à mort comme convaincu d'avoir été l'un des assassins du courrier de Lyon. — Quoique la confiscation fût abolie déjà à cette époque, l'État s'empara de tous les biens du condamné. —

En 1810, on voulut affecter les biens de Lesurques à la dotation du Sénat, et spécialement à la sénatorerie du comte Jacqueminot, qui s'empressa de repousser cette affectation en ces termes :

« Je respecte trop le malheur pour recevoir des biens *entachés du sang d'un innocent*. Il faut les restituer à la famille. »

Repoussés ainsi par le comte Jacqueminot, proposés un instant *à la dotation de la Légion d'honneur*, ces biens furent vendus par le fisc.

En 1823 et en 1835, le prix de cette vente fut enfin restitué à la famille Lesurques, mais l'État retint sur ce prix la somme qui lui était due *légalement* comme dommages et intérêts du vol auquel le malheureux Lesurques n'avait pris aucune part.

Aujourd'hui que l'innocence de Lesurques ne peut plus être niée (1), aujourd'hui qu'à défaut de la loi, l'opinion publique a prononcé la réhabilitation de l'innocent injustement condamné et frappé, nous avons pensé que l'État ne devait pas être moins scrupuleux qu'un simple particulier, que l'État devait faire aujourd'hui ce que le comte Jacqueminot a fait si honorablement en 1810. Quelques-uns de mes collègues et moi, nous avons eu l'honneur de proposer à la Commission du budget l'amendement suivant :

« Il sera ouvert au Ministre des Finances un crédit nécessaire pour rembourser à la famille Lesurques la somme de 54,525 fr. 35 c., somme volée au courrier de la malle-poste de Lyon, le 8 floréal an IV, avec les intérêts à dater du 5 août 1796 (2). »

---

(1) La notice ci-jointe pourra édifier ceux qui n'auraient pas étudié cette lamentable affaire.

(2) Les signataires de l'amendement sont : MM. Belmontel, Cazelles, Chagot, le comte de Champagny, le baron de Chapuys-Montlaville, le vicomte Clary, Darimon, Dupont, Eschasseriaux, Jules Favre, Garnier, de la Guistière, le colonel Hennocque, le baron de Janzé, Javal, Lambrecht, le duc de Marmier, Pamard, le général Parchappe, Émile Pereire, Eugène Pereire, Plichon, le colonel Réguis, Maurice Richard, des Rotours, Jules Simon.

NOTICE HISTORIQUE

Joseph Lesurques naquit à Douai, le 1ᵉʳ avril 1763, de parents honnêtes, laborieux et jouissant d'une modeste aisance. Après avoir travaillé quelque temps chez un notaire, il s'engagea dans le régiment d'Auvergne, où il obtint successivement les grades de caporal et de sergent. « Il y eut toujours une conduite sans reproche, il était estimé de ses chefs et aimé de ses camarades, et il était cité comme un modèle pour les mœurs et la tranquillité (1). » A la fin de 1789, ou au commencement de 1790, Lesurques quitta le service et entra dans l'administration du district de Douai, où son intelligence et son zèle le firent bientôt nommer chef de bureau. Marié à mademoiselle Jeanne Campion, dont il eut un fils et deux filles, il put, grâce à la dot de sa femme et à ses économies personnelles, se livrer à quelques spéculations heureuses; si bien qu'en 1795 il possédait en biens-fonds 10 à 12,000 livres de rente. Vivant en famille, dans l'intimité d'artistes et de négociants, Lesurques avait à Douai une position honorable et considérée, et lorsque l'état de sa fortune lui fit désirer un plus grand théâtre, lorsque au mois

____

(1) Témoignage du baron de Blamont, maréchal de camp au régiment d'Auvergne.

d'août 1795 il partit pour Paris avec sa famille, il laissa à Douai les meilleurs souvenirs, la meilleure réputation (1).

---

(1) I. Acte de notoriété délivré à Douai le 26 prairial an IV et signé par treize marchands, trois peintres, deux écrivains, deux commissaires de police et un chef de bureau de la guerre,

« Lesquels ont certifié et attesté ne rien connaître à reprocher à la conduite morale et politique du citoyen Nicolas-Joseph Lesurques, ci-devant employé dans les bureaux du district de Douai, actuellement domicilié à Paris et détenu à Melun ; qu'ils le connaissent, au contraire, pour un homme de probité, exempt de tout soupçon. »

II. « Je soussigné, président de la Cour royale du Nord et du Pas-de-Calais, déclare qu'arrivé à Douai trois ou quatre ans après la mort du malheureux Lesurques, j'ai alors et plusieurs fois depuis entendu parler de sa moralité et sa conduite de manière à repousser jusqu'au soupçon du crime qui lui était imputé. » — Lenglet.

III. *Pernot*, commissaire de police à Douai de 1810 à 1815 :

« J'ai eu très-souvent occasion d'entendre parler de l'infortuné Joseph Lesurques. Tous ses concitoyens affirmaient que l'on n'avait jamais douté un instant de son innocence ; tous en ont constamment fait l'éloge comme d'un bon père de famille, d'un citoyen plein de probité, sur la délicatesse duquel il ne s'était jamais élevé aucun reproche, aucun soupçon. »

IV. Certificat des habitants de Douai, donné bien des années après la mort de Lesurques (trois pages de signatures) :

« Nous soussignés, habitants de Douai, certifions à tous ceux qu'il appartiendra qu'il est à notre connaissance que pendant tout le temps que M. Joseph Lesurques, notre concitoyen, a résidé dans cette ville, il a constamment joui de la réputation d'homme d'honneur et de probité. Nous certifions, en outre, que sa conduite parmi nous n'a jamais donné lieu de présumer qu'il fût capable de commettre le crime qui lui a été imputé depuis. »

V. Demande de huit députés du Nord en 1822 :

« Lesurques, riche, jouissant de la considération publique dans le département du Nord, *est mort innocent sur l'échafaud.* »

VI. Lettre des députés du Nord au président du conseil des

Arrivé à Paris, J. Lesurques descendit d'abord chez un de ses parents, M. André Lesurques, et demeura chez lui du mois d'août 1795 au 9 mai 1796 (20 floréal an IV).

Ayant trouvé, rue Montmartre, 20, un appartement convenable pour s'y installer avec sa famille, il le loua à bail et s'occupa activement de le faire arranger et décorer. Chaque jour il allait surveiller les ouvriers qu'il employait, et, le 8 floréal an IV (1), il faisait placer son buste dans son salon.

A Paris comme à Douai il fréquentait des artistes, recevait à sa table ses compatriotes, entre autres Guesno, entrepreneur de roulage à Douai, et voyait presque chaque jour les bijoutiers Aldenhof et Legrand, les peintres Baudart et Hilaire Ledru (2).

Le 9 mai (20 floréal), il prend possession de son appartement; il invite ses parents, ses amis, à venir visiter la retraite qu'il a préparée avec amour pour y vivre au milieu des siens.

Le surlendemain, 11 mai, il rencontre sur les quais son

---

ministres, en 1845, revêtue de l'adhésion de deux cent trente-huit députés :

« Depuis que l'innocence du malheureux Lesurques, mathématiquement démontrée, est devenue un fait public et patent; depuis que des preuves irrécusables sont venues jeter la lumière de l'évidence *sur cette déplorable erreur judiciaire,* toutes les députations du Nord, touchées d'une pareille infortune, n'ont cessé d'en réclamer la juste réparation en faveur des enfants Lesurques. »

(1) Jour de l'assassinat dans la forêt de Sénart.

(2) « J'atteste l'avoir connu à Paris, très-peu de temps avant son arrestation, qu'il y était bien établi et jouissait dans son quartier d'une grande considération. »

« Baron DE BLAMONT,
« Maréchal de camp. »

compatriote Guesno, qu'il avait connu à Douai, et qui, logé chez Richard (un des inculpés de l'affaire de Lyon), l'avait fait venir déjeuner chez lui le 12 floréal.

Guesno se rendait au bureau central pour y réclamer ses papiers, saisis à Château-Thierry; il engage Lesurques à l'accompagner, et, chemin faisant, il lui raconte qu'il s'est trouvé un instant compromis dans l'affaire du courrier de Lyon.

Qu'était cette affaire? En voici le récit officiel, inséré par ordre du gouvernement dans le *Journal de Paris :*

« Les assassins du courrier de Lyon étaient au nombre de cinq, dont un avait pris place à côté de lui dans sa voiture; les quatre autres étaient partis le matin de Paris : ils étaient tous à cheval. On les a vus passer à Villeneuve-Saint-Georges. Arrivés au lieu désigné, ils se sont cachés dans l'épaisseur des bois en attendant l'arrivée de la malle. Au moment convenu pour l'assassinat, le scélérat qui était dans la voiture s'est jeté sur le courrier et lui a donné un coup de poignard dans le cœur et un coup de rasoir à la gorge. Cependant les quatre complices se sont avancés et ont obligé le postillon à conduire la voiture à cinq cents pas environ de la grande route; c'est là qu'ils ont assassiné ce dernier de plusieurs coups de sabre, dont un lui a ouvert le crâne; après quoi, ils ont dévalisé la malle. Cette expédition faite, celui qui était venu dans la voiture est monté sur le cheval de selle du postillon, et tous cinq ont repris la route de Paris; on les a vus repasser par Villeneuve-Saint-Georges; le cheval du postillon a été retrouvé à la place du Carrousel. »

Ce récit est complété par l'acte d'accusation du jury de Melun :

« Le jour même de l'assassinat, on avait vu sur la route de Melun quatre individus à cheval ; entre midi et une heure, un d'entre eux était descendu à l'auberge de Montgeron, tenue par le sieur Evrard ; il avait d'abord demandé à dîner pour lui seul, était ensuite sorti plusieurs fois devant la porte, regardant attentivement sur la route, était rentré et avait demandé à dîner pour quatre ; trois hommes montés à cheval arrivèrent en effet... A trois heures, ils étaient remontés à cheval, s'avançant très-lentement vers Lieursaint ; arrivés dans ce village, l'un d'eux descendit chez la veuve Feuillet ; les trois autres s'arrêtèrent chez le sieur Champaux, aubergiste de Lieursaint ; un des trois vint appeler par la fenêtre celui qui buvait chez la veuve Feuillet. Ce dernier demanda à l'aubergiste de faire ferrer son cheval et alla avec lui chez le sieur Motteaux, maréchal-ferrant... Enfin ils remontèrent à cheval entre sept heures et sept heures et demie ; ils s'avançaient lentement sur la route de Melun, lorsque l'un d'eux s'aperçut qu'il avait oublié son sabre à Lieursaint, retourna sur ses pas pour le reprendre, le trouva en effet dans l'écurie, but un verre d'eau-de-vie, fit précipitamment brider son cheval et repartit au grand galop. En ce moment, le courrier arrivait à Lieursaint et relayait. Il était à peu près huit heures et demie. Après l'assassinat et le partage des effets volés, les assassins reprirent la route de Paris, Laborde (1) montant le cheval de selle du postillon tué. Vers une heure du matin, deux personnes, l'officier et la sentinelle de garde

---

(1) Nom qu'avait pris Véron, *dit* Durochat, pour retenir sa place dans la malle.

à Villeneuve-Saint-Georges, les virent passer tous les cinq. Ils entrèrent à Paris entre quatre et cinq heures du matin par la barrière de Rambouillet. »

L'exactitude de ce récit est confirmée plus tard par les aveux des coupables eux-mêmes :

« Les véritables coupables de l'assassinat du courrier de Lyon sont les nommés Dubosq, Vidal, Durochat et Roussy. Durochat, sous le nom de Laborde, a pris une place dans la malle de Lyon à côté du courrier. Les autres sont partis, le 8 floréal dernier, de Paris, montés sur des chevaux de lui Courriol (1). Il les a rejoints, une bonne heure après leur départ, à la barrière de Charenton. Ils ont dîné et pris le café à Montgeron. Le lendemain ils sont rentrés *tous les cinq* à Paris, à cinq heures du matin. »

Déclaration de Courriol, 21 thermidor an IV (août 1796).

Durochat à son tour, au mois de mars 1797, déclare :

« Que ce fut Dubosq qui l'engagea à monter dans la voiture et lui arrangea un passe-port où il substitua le nom de Laborde à celui de Véron ; que Roussy, Courriol, Dubosq et Vidal, arrivés à l'endroit où le courrier a péri, Courriol, en arrêtant le postillon, lui avait porté un coup de sabre ; que l'action ayant été engagée, le courrier avait été poignardé et égorgé. »

Nous savons ce qu'était cette affaire, reprenons notre récit. Lesurques et Guesno montent au cabinet du juge d'instruction, M. Daubanton, où se pressent les témoins appelés pour déposer dans l'affaire de la malle de Lyon.

---

(1) Chevaux prêtés à Courriol par Bernard.

Pendant qu'ils causent ensemble, deux témoins, deux servantes d'auberge les considèrent attentivement et font prévenir le juge d'instruction qu'elles viennent de reconnaître dans la salle d'attente deux des meurtriers.

M. Daubanton ne veut pas croire aux déclarations de ces femmes; il lui paraît inconcevable, dit-il, que deux des assassins aient assez d'audace pour venir se mettre aussi hardiment sous sa main. Les témoins persistent dans leur reconnaissance, Guesno et Lesurques sont arrêtés.

Le signalement de Lesurques et de Guesno et celui de leurs deux sosies nous donne la clef de cette erreur et explique la persistance malheureuse des témoins :

VIDAL.	GUESNO.
Jugement du 2 août 1797.	Lors de son arrestation, le 11 mai 1797.
Age : 32 ans.	idem.
Taille : 5 pieds 7 pouces 6 lignes.	5 pieds 4 pouces.
Cheveux : châtains foncés.	bruns.
Yeux : gris et chassieux.	gris.
Nez : court et aquilin.	mince.
Bouche : moyenne.	moyenne.
Menton : rond.	rond.
Front : rond et découvert.	resserré.
Figure : ovale et maigre.	bombée.

Signes particuliers :

Beaucoup marqué de petite vérole.	Marqué de petite vérole.

DUBOSQ.	LESURQUES.
Jugement du 2 août 1797.	Lors de son arrestation, le 11 mai 1796.
Age : 33 ans environ.	33 ans.
Taille : 5 pieds 4 pouces 6 lignes.	5 pieds 3 pouces.
Cheveux, sourcils : blonds.	cheveux blonds.
Yeux : gris.	bleus.
Nez : aquilin.	idem.
Bouche : moyenne.	idem.
Menton : fourchu, ayant une fossette.	menton rond et double.

Signes particuliers :

Petite cicatrice au front, au-dessus de l'œil droit; une couture sur le gros pouce, en dedans de la main droite.	Une cicatrice au front, côté droit; le doigt de la main droite estropié.

La ressemblance est parfaite entre Lesurques et Dubosq, il y a même identité de signes particuliers.

Dans les deux couples de Guesno et Lesurques, de Vidal et Dubosq, le maigre, marqué de la petite vérole est le plus grand; le blond, marqué d'une cicatrice au-dessus de l'œil droit, est le plus petit, et s'il y a entre les sosies une différence de taille, cette différence est la même entre Lesurques et Dubosq qu'entre Guesno et Vidal. Cette concordance malheureuse qui a trompé les témoins est pour la justice une grave présomption de la culpabilité de Guesno et de Lesurques, nous en trouvons la preuve dans l'interrogatoire de Lesurques fait par le directeur du jury d'accusation, le 7 messidor (25 juin) :

— A lui observé qu'il paraît bien inconcevable *que deux signalements* dans la même affaire se *rapportent très-précisément à lui et à son ami Guesno* et qu'ils se trouvent corroborés dans l'instant par la déclaration de deux personnes qui ne sont point prévenues de ce qu'ils peuvent être et à qui l'on ne peut soupçonner aucun intérêt pour les inculper, si véritablement lui et Guesno ne sont point coupables du crime dont ils sont accusés.

— *R.* Que cette réunion de circonstances lui paraît inconcevable, d'autant plus qu'il n'est jamais sorti de Paris et qu'il n'a jamais été sur la route de Melun.

— A lui demandé comment il se fait, si ce qu'il dit est vrai, qu'il ait été reconnu par un grand nombre de témoins qui attestent qu'il a dîné ce jour-là à Montgeron avec Courriol, Guesno et d'autres, et qu'il ait été avec eux à Lieursaint, précisément à l'endroit où ont été assassinés Excoffion, courrier de la malle, et Audebert, postillon.

— *R.* Que ces témoins se sont trompés et qu'à moins qu'il n'y ait de la ressemblance entre lui et un de ceux qui, ce jour-là, ont fréquenté la route de Paris à Melun, il est impossible qu'ils aient pu faire de pareilles déclarations en leur âme et conscience.

Arrêté sans savoir pourquoi et mis au secret, Lesurques, dès qu'il sait de quoi on l'accuse, dès qu'il peut donner signe de vie, écrit à son ami Baudart la lettre suivante, lettre dont chaque mot atteste son innocence :

Mon ami,

Depuis que je suis à Paris, je n'ai éprouvé que désagréments ; mais je ne m'attendais pas et ne pouvais m'attendre au malheur qui m'accable aujourd'hui. Tu me connais et tu sais si je suis capable de me souiller du moindre crime; eh bien! le plus affreux m'est imputé; la seule pensée me fait frissonner. Je me trouve impliqué dans l'affaire de l'assassinat du courrier de Lyon; trois femmes et deux hommes de la campagne, que je ne connais pas, ni même le lieu de leur domicile (car tu sais que je ne suis pas sorti de Paris), ont eu l'impudence de déclarer qu'ils me reconnaissaient et que j'étais le premier qui s'était présenté chez eux à cheval.

Tu sais aussi que je n'ai point monté depuis que je suis à Paris. Tu vois de quelle conséquence est une pareille déposition, qui ne tend à rien moins qu'à me faire assassiner juridiquement. Oblige-moi de m'aider de ta mémoire, et tâche de me rappeler où j'étais et quelles sont les personnes que j'ai vues à Paris à l'époque où l'on me soutient impudemment m'avoir vu dehors Paris (je crois que c'est le 7 ou le 8 du mois dernier), afin que je puisse confondre ces infâmes calomniateurs, et leur faire subir les peines prescrites par les lois.

La justice savait que Laborde (Durochat) était en fuite, elle avait arrêté Courriol, Bruer et Richard, amis de Courriol; Bernard, qui avait fourni les chevaux; Guesno (sosie de Vidal) et Lesurques (sosie de Dubosq). Elle croyait avoir entre les mains quatre des cinq assassins et deux de leurs complices, alors qu'elle n'avait arrêté qu'un seul des assassins.

Les témoins qui avaient vu les assassins le jour du crime furent confrontés avec ces détenus. Quelques-uns crurent reconnaître Guesno ainsi que Bruer, Richard et Bernard, *qui n'avaient pas quitté Paris;* le plus grand nombre reconnut *Courriol;* mais ce fut contre Lesurques que semblèrent s'élever les charges les plus accablantes.

Il fut reconnu par huit témoins, et trois autres crurent le reconnaître sans en être sûrs. La servante Santon déclara qu'il avait voulu payer le café en assignats et que Courriol l'avait payé en argent. — Charbault, cultivateur, affirma qu'il était un des quatre qui avaient dîné à Montgeron. — La servante la Grosse-Tête soutient qu'il est celui qui vint le premier à l'auberge demander à dîner pour lui et ensuite pour trois autres voyageurs. — La femme Alfroy affirme qu'il est un des deux hommes qu'elle a vus se promener à Lieursaint avec des bottes molles et des éperons façon d'argent. — Les époux Champeaux déclarent qu'il a raccommodé son éperon chez eux avec du fil.

En présence de ces témoignages accablants, qu'il ne peut s'expliquer que par sa ressemblance probable avec un des coupables, Lesurques donne l'emploi de son temps dans les fatales journées des 8 et 9 floréal avec une franchise et une netteté indéniables. Dans un premier interrogatoire il répond :

Que le 8 floréal il a passé la matinée jusqu'à deux heures chez le sieur Legrand, bijoutier au Palais-Royal; que de là il est allé dîner chez le sieur Lesurques son parent, qu'il croit y avoir dîné ce jour-là avec le sieur Hilaire Ledru, dessinateur, et quelques autres personnes; que le soir même vers six heures il est allé se promener sur le boulevard avec le sieur Ledru, qu'il a rencontré Guesno, qu'ils sont entrés dans un café au coin de la Comédie italienne et qu'ils y ont pris chacun un verre de liqueur.

Dans un autre interrogatoire :

Que le 9 floréal il est allé chez le sieur Legrand, bijoutier, qu'il y a déjeuné avec les sieurs Wolff, metteur en œuvre, et Chauffer, orfévre, chez lequel il a été dîner.

Enfin, dans un brouillon de défense tracé par Lesurques

au verso d'une lettre reçue par lui le 5 brumaire (26 octobre 1796), quatre jours avant sa mort et retrouvé *seulement le 26 juin* 1863, nous lisons l'emploi de la journée du 8 floréal (27 avril). La vérité peut seule avoir cette invariabilité, cette absence de contradictions.

Les citoyens représentants chargés du rapport de l'affaire du malheureux auraient désiré que j'eusse justifié d'une manière plus frappante mon alibi. Pouvais-je produire d'autres témoins que les individus qui m'avaient vu ce jour-là ?

1° Le citoyen Legrand, bijoutier, maison Egalité, chez qui j'allais tous les jours, vers les onze heures ou midy, lire les papiers publics ; je puis protester que je n'ai jamais manqué un jour, on peut l'entendre sur ce fait.

Le 8 floréal, j'y étais à mon ordinaire, lorsque le citoyen Aldenhof, autre bijoutier, y est venu ; il a fait marché pour une cuillère à œil à filet, moyennant un petit écu, et il est convenu de lui porter le lendemain matin sa vieille cuillère, et de s'arranger pour le poids avec Legrand.

J'ai emmené dîner Aldenhof avec moi, et en passant je lui ai fait voir le logement que j'allais occuper; nous y avons trouvé le décorateur et le frotteur occupés à travailler.

Rentrant chez moi, ou plutôt chez mon parent chez qui je logeais, j'y ai rencontré le citoyen Hilaire Ledru, dessinateur, qui était venu me demander à dîner. Après le dîner, je suis sorti avec Hilaire et Aldenhof. Aldenhof nous a quittés pour ses affaires au coin de la rue Neuve-Égalité.

Je me suis promené sur les boulevards avec Hilaire, et vers les Italiens, nous avons rencontré le citoyen Guesno, qui m'a dit arriver de Château-Thierry, et qu'il allait remercier le citoyen Pollet qui lui avait prêté un cheval; nous avons pris ensemble un verre de liqueur, et il m'a remis deux mille francs qu'il me devait, et j'ai continué ma promenade avec Hilaire.

Lorsque je l'eus quitté, je suis allé chez la citoyenne d'Argence, où j'allais régulièrement le soir faire ma partie de domino.

Vers les neuf heures, je suis rentré chez moi, j'ai trouvé le citoyen Baudart, peintre, que je voyais assez souvent, qui jouait une partie de domino avec mon cousin ; il a soupé avec nous, et sur l'invitation que je lui ai faite de venir dîner le lendemain avec nous, il m'a observé qu'il montait la garde; je lui ai dit que j'avancerais mon dîner, et il a accepté.

Depuis le mois de fructidor jusqu'au 20 floréal, je n'ai jamais découché. Ces faits ont été attestés par toutes les personnes ci-dessus citées. C'est tout ce que je pouvais faire pour ma justification.

A l'audience, les affirmations de Lesurques sont confirmées par les déclarations des bijoutiers Legrand, Aldenhof et Chauffer, des peintres Hilaire Ledru et Baudart, d'André Lesurques et de sa femme, de Guesno, de la demoiselle d'Argence (1), des ouvriers qui l'avaient vu à son apparte-

---

(1) Après le rapport fait en 1823 par M. Zangiacomi, *sous le ministère de M. Siméon*, ces déclarations furent renouvelées par la demoiselle d'Argence, par Hilaire Ledru et par Baudart qui à l'appui de son affirmation avait produit son billet de garde.

Voici ces témoignages renouvelés à vingt-six ans de distance :

« Je répète ce que j'ai dit devant le tribunal et devant Dieu, que, le 8 floréal an IV, j'ai été rendre à Lesurques la première visite depuis qu'il était à Paris. Je n'y trouvai d'abord que son épouse et ses enfants. Elle ne voulut pas me laisser sortir sans que je visse son mari qui, dit-elle, allait rentrer et qui rentra en effet aussitôt après avec notre compatriote Aldenhof, qui tenait une cuiller dont il venait de faire l'acquisition. Tu dîneras avec nous, me dit Lesurques, ravi de voir un compatriote et un ami de plus. J'acceptai et nous avons dîné gaiement en patois de notre pays; après le dîner, nous fûmes nous promener et nous rencontrâmes Guesno, autre compatriote, sur le boulevard Italien, vers six heures et demie du soir, qui remit à Lesurques deux mille francs en assignats en buvant un verre de liqueur dans un café. Nous retournâmes ensuite chez lui du même pas et sommes arrivés vers sept heures et demie. Je me retirais chez moi lorsque Baudart, notre ami commun, entra et céda à l'invitation qui lui fut faite de rester à souper. Je les quittai.

« Hilaire LEDRU, *artiste peintre.*

« Paris, ce 23 août 1822. »

« Je suis prêt à renouveler la déposition que j'ai faite en mon

ment, Germain, Degand et Aubert, et aussi du colleur de papier Wandenelisken. Trois autres témoins, Angélique Tieurnette, Pierre Fourré, Luc Dixier, orfévre, viennent encore constater son alibi. Enfin, quatre-vingts témoins viennent attester sa parfaite honorabilité, l'impossibilité morale de sa participation au crime.

Quelle fatalité a donc pu perdre Lesurques et prévenir assez contre lui l'esprit des jurés appelés à prononcer sur son sort, pour que tous ces témoignages si nombreux et si respectables fussent comptés pour rien par eux?

âme et conscience, dans le procès de l'infortuné Lesurques, et d'où il résulte que je l'ai vu chez le sieur Legrand le 8 floréal de l'an IV; que ce jour-là même j'ai dîné chez lui avec MM. Hilaire Ledru, André Lesurques, cousin du mort, et toute sa famille.

« ALDENHOF.

« Paris, ce 22 août 1822. »

« La déclaration que j'ai faite au tribunal criminel dans le malheureux procès de Lesurques est l'expression de la plus incontestable vérité. Je me suis trouvé avec cette malheureuse victime des erreurs de la justice, le 8 floréal an IV; ce jour il m'a invité à dîner pour le lendemain 9, jour où j'étais de garde. Cette déposition a été vérifiée par la représentation du livre de garde. Je serai toujours prêt à rendre hommage à la vérité et à maintenir la foi due à ma déclaration.

« BAUDART.

« A Paris, le 16 août 1822. »

« Je suis prête à renouveler devant Dieu et la justice la déposition que j'ai faite devant le tribunal criminel de la Seine, dans le procès de l'infortuné Lesurques, de laquelle il résulte que non-seulement j'ai vu cet infortuné le 8 floréal de l'an IV, mais qu'il m'était impossible de me tromper, parce que depuis plusieurs mois il n'était pas un jour que je ne le visse.

« Clotilde d'ARGENCE.

« A Paris, le 22 octobre 1822. »

Guesno, que cinq témoins avaient cru pouvoir reconnaître, Guesno, contre lequel s'élevaient des charges accablantes à raison de ses relations avec deux des inculpés, Richard et Courriol, venait de voir prouver victorieusement son alibi par le témoignage du sieur Clément, l'un des administrateurs du bureau central. Quelle chance inespérée de salut pour Lesurques que cette démonstration de l'erreur où étaient tombés les témoins de Lieursaint et de Montgeron !

On appelle le premier témoin à décharge, le sieur Legrand, bijoutier. Il affirme de nouveau que Lesurques a passé chez lui une partie de la matinée du 8 floréal, et il rattache ce souvenir à celui d'un marché qu'il avait inscrit sur son registre à la date de ce jour. Le président ordonne que ce registre soit présenté, et l'on voit que la date du marché était du 9 floréal et que du 9 on avait fait un 8. Legrand, menacé d'arrestation comme faussaire, hésite, balbutie, rétracte son affirmation si positive (1), mais soutient qu'il n'a commis aucun faux et que, s'il y a une rectification, ce ne peut être qu'à l'époque même de cet enregistrement (2).

---

(1) Guinier, Observations sur le rapport de la commission chargée par le Conseil des Cinq-Cents d'examiner l'affaire du nommé Lesurques.

(2) Cette rectification est ainsi justifiée par M. de Salgues, sur le témoignage du sieur Aldenhof, bijoutier fabricant. (Aldenhof avait porté, le 8 floréal, au sieur Legrand, les ouvrages fabriqués pour son compte. Il y acheta une cuiller, nommée poche, y trouva Lesurques qui, charmé de rencontrer un compatriote, l'invita à dîner. Il accepta et remit au lendemain l'enregistrement de son marché. Le lendemain 9, s'étant rendu chez Legrand pour y faire son règlement, Legrand traça d'abord un 9, mais comme c'était la veille que la négociation avait eu lieu, il reforma le 9 pour en faire un 8.)

De ce moment la conviction de la culpabilité de Lesurques s'empare de l'esprit du président, et cette conviction se trahit dans ses actes et dans ses paroles. Tout témoignage favorable lui semble suspect de complaisance ou de vénalité ; les témoins à décharge sont interrogés comme des coupables (1) et leur déclaration est discutée et dépréciée (2). Lesurques ayant établi la réalité de sa fortune foncière, réalité qui lui avait été contestée devant le jury d'accusation, le président se tourne vers les jurés et dit : « On voudrait faire croire que les crimes n'appartiennent qu'aux pauvres ; mais si les petits crimes appartiennent aux pauvres, les grands crimes appartiennent aux riches. »

Enfin, dans son résumé, qui fut une discussion passionnée (3), il trouve étonnant que des témoins à décharge venant prouver l'alibi d'un homme qu'ils connaissaient, avec qui ils avaient pu avoir des relations quelconques le 8 floréal, pussent préciser cette époque sans avoir quelque preuve par écrit qui la leur rappelât (4) ; il était impossible que leur mémoire les servît ainsi, *leur déposition devait être*, affirme-t-il, le fruit de l'erreur ou de la suggestion.

---

(1) M. Eymery, ingénieur, invité par lui à déposer sans haine, etc., répond : « — Oui, citoyen président, *et surtout sans crainte, malgré tout ce qu'on fait ici pour en inspirer aux témoins.* »

(2) J'ai vu avec peine, dit le rédacteur du *Messager du soir*, que le citoyen Gohier cherchait, par un plaidoyer contradictoire, à détruire l'effet qu'aurait pu produire sur les jurés la déclaration de quelques ouvriers qui *affirmaient avoir vu Lesurques chez lui le jour même de l'assassinat.*

(3) Guinier, Observations, etc.

(4) Le témoin Baudart avait produit son billet de garde à l'appui de la sûreté de sa déclaration.

Après ce rapide exposé de l'audience, nous pouvons dire avec le défenseur de Lesurques, M⁰ Guinier :

« La justice peut frapper un innocent lorsqu'on s'écarte des règles qui en sont la sauvegarde ; lorsqu'au lieu de l'impassibilité du magistrat on ne trouve que la prévention ou l'acharnement ; lorsque l'accusé est présenté aux témoins avec cette dureté qui annonce que la conviction est acquise ; lorsqu'il est traité avec cette rigueur que la loi défend et qui annonce un condamné avant qu'il ait été entendu. »

Après le partial résumé du président, les débats sont clos et les jurés entrent dans la salle des délibérations.

Pendant qu'ils délibèrent, la fille Bréban, la maîtresse de Courriol, qui avait vu tous les coupables réunis chez Dubosq au moment du partage, et qui, pour ne pas contribuer à la perte de son amant, s'était tue pendant le cours des débats, demande à pénétrer dans le cabinet du président.

Introduite auprès de ce magistrat, elle lui révèle le terrible secret, l'existence de Vidal et de Dubosq, sosies de deux innocents qui vont peut-être se voir condamnés à la place des vrais coupables.

Le président Gohier refuse de croire à cette déclaration de la dernière heure, et alors que les jurés n'avaient pas encore prononcé leur verdict, alors que deux têtes, peut-être innocentes, pouvaient encore être sauvées, il renvoie la fille Bréban avec ces paroles fatales : *Il n'est plus temps.*

A dix heures du soir, le 18 *thermidor an IV* (5 *août* 1796), le jury rend son verdict et le tribunal *acquitte* Guesno et Bruer ; *condamne :*

Courriol, Lesurques et *Bernard* à la peine de mort ;

Richard à la peine de vingt-quatre années de fers.

En entendant la lecture de l'arrêt, Courriol se lève et s'écrie : « Lesurques et Bernard sont innocents! Bernard n'a fait que prêter les chevaux. *Lesurques n'a jamais pris aucune part à ce crime!*

Quant à Lesurques, une pâleur mortelle se répand sur son visage, mais il surmonte sa terrible émotion et dit à haute voix :

« Sans doute le crime dont on m'accuse est horrible et mérite la mort; mais s'il est affreux d'assassiner sur une grande route, il ne l'est pas moins d'abuser de la loi pour frapper un innocent. Un moment viendra où mon innocence sera reconnue, et c'est alors que mon sang rejaillira sur la tête des jurés qui m'ont trop légèrement condamné et du juge qui les a influencés (1)! »

---

(1) M. *Le Roy*, grand-père de M. Le Roy d'Étiolles, détenu à la conciergerie avec le comte de Noyan pour affaire politique en même temps que Lesurques, raconte ainsi ses impressions le 15 novembre 1822 :

« Lorsque les prévenus furent conduits au tribunal... je me mis sur mon grabat la tête sous la couverture. Peu de temps après parurent les prévenus avec les guichetiers : ce ne fut dans ce moments que pleurs et gémissements. — Dans cette scène effrayante, je remarquai que le sieur Lesurques, qui gardait un profond silence, se mit à genoux, joignit les mains, et levant la tête, proféra ces mots : *Mon Dieu, vous connaissez mon innocence; j'espère que vous la ferez connaître!* Cette affaire dura plusieurs jours et le résultat fut la condamnation des coupables et d'un innocent (le sieur Lesurques). A la sortie du tribunal les condamnés furent amenés au greffe de la prison, où je me transportai et j'entendis les coupables, *qui alors avouaient leur crime*, assurer que le

Le lendemain Courriol répète que Lesurques et Bernard sont innocents du crime pour lequel ils ont été condamnés, que les véritables auteurs du crime sont Dubosq et Vidal.

Le 21 du même mois il demande à être entendu de nouveau :

« Les véritables coupables de l'assassinat du courrier de Lyon sont les nommés Dubosq, Vidal, Durochat et Roussy (Béroldy) ; c'est Durochat qui, sous le nom de Laborde, a pris une place dans la malle, à côté du courrier. Le lendemain, ils sont rentrés *tous les cinq* à Paris, à cinq heures du

---

sieur Lesurques était innocent et *qu'il avait été pris pour un autre.* »

Il paraît certain qu'on avait surpris à Bicêtre (où les condamnés furent transférés le 19 thermidor (6 août), une conversation qui jetait le plus grand jour sur l'innocence de Lesurques. — Bernard reprochait à Courriol de ne pas le défendre avec le même zèle qu'il défendait Lesurques. — « Tu n'as pas assassiné le courrier, lui répondit Courriol, mais tu as profité de l'assassinat. — Lesurques n'a ni assassiné ni profité du vol. Il nous est tout à fait étranger, *tu le sais aussi bien que moi.* »

J.-B. SALGUES (1822).

Je ne puis passer sous silence un fait dont je puis garantir l'autorité. — M. Blaque, l'un de nos jurisconsultes les plus éclairés et les plus purs, assista à tous les débats du procès du malheureux Lesurques. Après sa condamnation, il sortit du palais avec une partie des jurés et les accompagna jusqu'à l'hôtel de ville. Là, il leur dit : « Je ne prétends pas, messieurs, adresser de reproches à votre conscience ; mais souffrez que j'en adresse à vos lumières. Comment, sur de tels indices, après tant d'hésitations et de contradictions de la part des témoins à charge, avez-vous pu condamner ce malheureux? Quant à moi, j'aurais porté ma tête sur l'échafaud avant de le déclarer coupable. »

J.-B. SALGUES (1823).

matin. — Le sabre et l'*éperon* (1) appartiennent à Dubosq. »

C'est Dubosq et Vidal qui se sont promenés dans Lieur-saint à pied (2).

---

(1) Cet éperon a joué un grand rôle dans la condamnation de Lesurques, l'acte d'accusation en fait foi. (l'aubergiste chez qui ils se sont arrêtés à Lieursaint dépose qu'un d'entre eux a raccommodé son éperon avec du fil, et l'éperon de *Lesurques* trouvé sur le champ de bataille et déposé comme pièce de conviction est raccommodé avec du fil. »

Dans le mémoire présenté au grand juge en 1807 par M. *Daubanton* pour demander la réhabilitation de Lesurques, on lit :

« Bien avant la déclaration de Courriol, on m'avait dit que l'éperon *pareil* à celui qu'on avait trouvé sur le lieu de l'assassinat devait se trouver dans la fosse du privé de l'hôtel de la Paix, où demeurait *Dubosq* et où s'était fait le partage; *mais j'avais épuisé les fonctions de mon ministère dans le procès de Courriol; je je ne fis aucun usage de ce renseignement.* »

Dans un des interrogatoires subis par Durochat, comme on observait à ce criminel que Lesurques a été reconnu pour un des voleurs de la malle, qu'il avait à ses bottes des éperons argentés et qu'on lui en a vu raccommoder un avec du fil, il répond : « C'était le nommé Dubosq qui avait les éperons argentés, le matin même du jour que nous avons partagé le vol; je lui ai entendu dire qu'il avait brisé l'un des chaînons de ses éperons, qu'il l'avait raccommodé avec du fil dans l'endroit où ils ont dîné et qu'il l'avait perdu dans l'affaire; je lui ai vu moi-même dans les mains l'autre éperon et il disait qu'il allait le jeter dans les commodités. »

(2) Acte d'accusation. « Un autre témoin (*la femme Alfroy*) dépose avoir vu passer trois fois dans la soirée Courriol et Lesurques devant sa porte à Lieursaint. »

Dubosq, *cinq ans après le crime*, est représenté à son tour aux témoins qui avaient cru reconnaître Lesurques, alors qu'on ne pouvait leur donner comme élément de comparaison que le portrait de la malheureuse victime.

« Il faut considérer qu'en demandant aux témoins s'ils s'étaient trompés en l'an IV, on leur demandait un aveu qu'il est toujours

Lesurques, Bernard et Courriol s'étaient pourvus en cassation le 17 vendémiaire (8 octobre). Sur les indications de Courriol, on entend les dépositions de Cauchois, menuisier, et de Goulon, cordonnier ; ils déclarent qu'à l'époque du jugement de Courriol, la fille Bréban était venue les voir et leur avait dit : « Il va périr des innocents ; Courriol seul est coupable. Il y a longtemps que les autres sont partis. Durochat et Vidal sont les vrais coupables. Lesurques a été pris pour un autre ; ce qui a causé la méprise, c'est que Lesurques a des cheveux blonds et que l'autre avait une perruque blonde. »

Madeleine Bréban dit : « Avant l'assassinat du courrier de Lyon, Vidal et Roussy venaient souvent chez Courriol ; Dubosq y venait aussi quelquefois. Je n'y ai jamais vu venir Lesurques ; j'ai seulement vu ce dernier, *qui ressemble*

---

pénible d'arracher à la présomption de l'homme ; que, de plus, dans cette circonstance, un aveu pareil devait être cent fois plus pénible, car celui qui le faisait *s'avouait coupable de la mort d'un innocent*. Peut-on s'étonner qu'un seul témoin ait eu le courage de le faire ? — Ce témoin, *cette femme Alfroy*, qui, après avoir longtemps regardé Dubosq et s'être recueillie, persiste à déclarer hautement qu'elle s'est trompée lorsqu'elle a cru reconnaître Lesurques ; qui, pendant qu'elle examine et se recueille, paraît en proie à une agitation qui est remarquée et qui, au président lui demandant pourquoi elle ne l'a pas dit la veille, répond qu'elle ne l'a pas osé ; ce témoin me paraît au-dessus de tout soupçon : sa déposition porte l'empreinte évidente de la vérité. A mons sens, *la rétractation de la femme Alfroy devant le jury de Versailles est la preuve la plus convaincante de l'erreur des reconnaissances faites contre Lesurques devant le jury de Paris.*

(Rapport fait par M. *de Laboulie* à l'Assemblée législative le 25 janvier 1851.)

beaucoup à Dubosq, une seule fois chez Richard après l'époque du 8 floréal (1). »

Le pourvoi des trois condamnés fut rejeté ; Lesurques seul, espérant encore arriver à faire reconnaître son innocence, présenta une requête au Directoire.

Le Directoire se fit remettre sous les yeux toutes les pièces du procès, les examina avec soin, et, après en avoir délibéré, adressa au conseil des Cinq-Cents, le 27 vendémiaire (18 octobre), le message suivant :

Citoyens Législateurs,

Le nommé Lesurques, condamné à mort avec un nommé Courriol, pour l'assasinat du courrier de Lyon, a été déclaré innocent par ce dernier, après le jugement rendu contre eux. Courriol a assuré que la ressemblance de Lesurques avec un des complices de l'assassinat, qu'il nomme et qui n'est pas pris, a pu tromper les témoins.

Les déclarations de Courriol sont confirmées par celles de quelques autres personnes entendues après lesdites déclarations, postérieurement aussi, par conséquent, au jugement rendu.

Quelle marche convient-il de suivre dans cette circonstance ? Lesurques, s'il est innocent doit-il périr sur l'échafaud parce qu'il ressemble à un coupable ? Le Directoire appelle votre attention sur cet objet, Citoyens représentants, et il vous observe qu'il n'y a pas un moment à perdre, puisque, demain matin, le jugement à mort doit être exécuté.

Sur la proposition de deux de ses membres, le Conseil des Cinq-Cents accorda un sursis à l'exécution et nomma une

---

(1) Voici sur ce point le premier interrogatoire de Lesurques, en floréal : « Il a déjeuné avec le sieur Guesno chez Richard, et c'est là qu'il a vu, pour la première fois, un sieur Etienne (nom que prenait Courriol), et une femme qui passait pour son épouse ; il croit que ce déjeuner a eu lieu le 11 ou le 12 floréal. »

commission de trois membres pour faire un prompt rapport.

La commission se présenta plusieurs fois pour faire son rapport; mais la discussion de la loi du 3 brumaire sur les émigrés la fit ajourner jusqu'au 5 brumaire (26 octobre).

Dans l'intervalle, le Directoire ayant reçu de nouvelles déclarations, avait adressé aux Cinq-Cents un second message, et Courriol, toujours de plus en plus pressé par sa conscience, venait d'écrire :

« Il est donc vrai que je devais ajouter à mon crime un double assassinat. Les déclarations véridiques que je n'ai cessé de faire n'ont pu faire rendre justice à deux innocents, qui vont périr victimes de l'erreur. Puis-je espérer au moins que, pour venger leur mort, vous donnerez des ordres très-exprès de faire rechercher les quatre individus que j'ai désignés et qui sont mes seuls complices?... La vérité ne peut manquer de se montrer; *avant peu vous en serez persuadés, mais il ne sera plus temps*, les innocents auront péri. Oui, je le répète, les innocents; je ne cesserai de le répéter jusqu'à mon dernier soupir ! »

Il avait joint à sa lettre un mémoire dans lequel il indiquait ses complices et donnait tous les détails du drame qui allait le faire monter à l'échafaud. Enfin, le 3 brumaire (24 octobre), il renouvela ses instances pour qu'on cherchât à vérifier ses déclarations et qu'on poursuivît les véritables assassins.

Comment cette réhabilitation morale cherchée par un grand coupable dans la défense désespérée d'un innocent est-elle appréciée par M. Siméon dans le rapport qu'au nom

de la commission il fait aux Cinq-Cents le 5 brumaire (26 octobre)?

« Il est possible, dit-il, que la déclaration de Courriol ne
soit que le résultat d'un pacte entre lui et Lesurques qui est
riche. On n'a point vu *les prétendus coupables* (1) que l'on
prétend désigner; on ne les a nommés, désignés, chargés
qu'après coup. » « Cette déclaration de Courriol, fait-il remar-
quer, est infirmée par une déclaration semblable en faveur
des coupables Bernard et Richard (2), et comme elle n'a été
faite qu'après le jugement, c'est celle d'un condamné, elle
est sans aucune force légale. »

Ce rapport qui n'est qu'un plaidoyer nouveau et passionné
contre le malheureux Lesurques, dépréciant tout ce qui est
en sa faveur, laissant valoir tout ce qui semble être à sa
charge, se termine ainsi :

« Lorsque les jurés ont déclaré l'accusé convaincu, le recevoir encore à disputer sur cette conviction, c'est détruire
toutes les règles de l'ordre judiciaire, c'est préparer de vas-
tes bases à l'impunité, c'est livrer la société à l'audace des
scélérats et la justice à leur dérision. »

Et sur ces impitoyables conclusions, M. Siméon demande
l'ordre du jour, c'est-à-dire la tête de Lesurques.

---

(1) Dubosq, Vidal, Durochat et Béraldy, désignés dès le 18 thermidor par la fille Bréban, désignés par Courriol, tous quatre pris
et exécutés après la mort de Lesurques.

(2) Courriol disait que Bernard n'avait fait que prêter les chevaux, *qu'il n'était pas un des cinq assassins;* que Richard n'avait
pas partagé le produit du vol qu'il connaissait; mais il déclarait
que Lesurques (sosie de Dubosq) était absolument étranger et à
l'assassinat et au vol.

Le défenseur de Lesurques, Mᵉ Guinier, compose à la hâte un mémoire pour demander quelques jours de délai au nom de la famille du condamné, et, quoiqu'il n'ait pu obtenir même copie de la déclaration de Courriol, *égarée* peut-être comme l'avait été celle faite par la fille Bréban, le 19 thermidor, il parvient à émouvoir l'opinion publique.

Le barreau, la presse, les ministres et les directeurs eux-mêmes semblent former une sainte conspiration pour épargner à la justice une irréparable erreur. Courriol, le criminel, qui avait par son silence prolongé, causé la perte de Lesurques, renouvelle et précise ses déclarations véridiques ; M. Daubanton, le magistrat qui avait dû le faire arrêter, multiplie ses démarches pour s'emparer de Dubosq, dont l'arrestation eût sauvé Lesurques.

La commission des Cinq-Cents ne se laisse pas entraîner par ce mouvement de l'opinion publique, elle persiste dans ses conclusions et, de nouveau, le 8 brumaire (30 octobre), M. Siméon, son rapporteur, vient demander qu'on passe à l'ordre du jour.

« Le Conseil, dit-il, s'aperçoit sans doute où l'entraîne le mouvement d'humanité qui, sur le premier message du Directoire exécutif, le porta à nommer une commission. Faire ses preuves après un jugement et quand il faudrait au moins les présenter toutes faites et brillantes de cette lumière qui dissipe tous les nuages et force le jour de l'évidence ; faire ses preuves quand on a produit dans les débats quatre-vingts témoins à décharge, lorsque de l'accusation aux débats il s'est passé un si long délai ! Depuis près de cinq mois, Lesurques est en péril de la vie et ses preuves ne sont pas faites, et il lui faut encore accorder du temps ! Mais est-il au pouvoir du Corps Législatif de lui en donner ? Votre commission est péniblement froissée entre la crainte de dissimuler les principes d'ordre public et le sentiment de la compassion. Ce matin, des observations ont été distribuées aux membres du Conseil; sans doute ils se seront empressés de les lire. On n'attend pas de moi que je les combatte : *c'est bien assez d'avoir eu à soutenir les larmes et le désespoir d'une femme et de trois jeunes enfants.* Je ne suis ni l'adversaire ni le juge de leur mari et de leur père. Tant mieux s'il peut obtenir des membres du Conseil des moyens que la commission n'aperçoit pas.

« On vous l'a dit, ce n'est point au Corps Législatif à juger Lesurques : il l'a été dans les formes prescrites par la Constitution; il l'a été comme le sont tous les citoyens. S'il est vrai que son jugement soit injuste, il ne nous appartiendrait pas plus d'en connaître que de nous immiscer dans des actes de mauvaise administration. *Dans tous les cas nous serons sans regret à son égard,* parce que nous sommes sans pouvoirs. »

L'ordre du jour, proposé dans ces termes implacables, fut prononcé par le conseil des Cinq-Cents; la tête de Lesurques était livrée au bourreau.

Lesurques se résigne à son sort, sans s'expliquer comment on a pu le croire coupable.

« Les citoyens représentants chargés du rapport de l'affaire *du malheureux,* écrit-il, auraient désiré que j'eusse justifié d'une manière plus frappante mon alibi, pouvais-je produire d'autres témoins que les individus qui m'avaient vu ce jour-là (1) ? »

---

(1) Quinze personnes l'avaient vu le 8 floréal et attestaient son alibi.

Il fait l'état de ses dettes, où on lit :

« Dû huit louis au citoyen Legrand, qui n'a pas peu contribué à me faire assassiner ; mais je lui pardonne de bon cœur ainsi qu'à tous mes bourreaux (1). »

Il se coupe lui-même les cheveux et les partage en tresses pour sa femme et ses enfants, puis il écrit :

« *A la citoyenne* veuve *Lesurques.*

« Quand tu liras cette lettre, je n'existerai plus ; un fer cruel aura tranché le fil de mes jours que je t'avais consacrés avec tant de plaisir. Mais telle est la destinée : on ne peut la fuir en aucun cas. Je devais être assassiné juridiquement. Ah ! j'ai subi mon sort avec constance et un courage digne d'un homme tel que moi. Puis-je espérer que tu imiteras mon exemple ? Ta vie n'est point à toi, tu la dois tout entière à tes enfants et à ton époux s'il te fut cher. C'est le seul vœu que je puisse former.

« On te remettra mes cheveux, que tu voudras bien conserver, et lorsque mes enfants seront grands, tu les leur partageras : c'est le seul héritage que je leur laisse.

« Je te dis un éternel adieu. Mon dernier soupir sera pour toi et mes malheureux enfants. »

Enfin, prêt à sortir de la Conciergerie pour monter à l'échafaud, il écrit à Dubosq en suppliant ses juges de faire insérer sa lettre dans les journaux :

« Vous, au lieu duquel je vais mourir, contentez-vous du

---

(1) Legrand ne put se pardonner un instant de faiblesse si fatal à son ami, ses remords le rendirent fou et il mourut à Charenton sans avoir recouvré la raison.

sacrifice de ma vie. Si jamais vous êtes traduit en justice, souvenez-vous de mes trois enfants couverts d'opprobre, de leur mère au désespoir, et ne prolongez pas tant d'infortunes causées par la plus funeste ressemblance. »

Il demande à aller au supplice en vêtements blancs, monte avec calme dans la fatale charrette et s'assied auprès de Courriol, qui, jusqu'au pied de l'échafaud, ne cesse de s'écrier : « Je suis coupable, mais Lesurques est innocent ! »

Arrivé au pied de l'instrument du supplice, il monte d'un pas ferme sur l'échafaud, déclare qu'il pardonne à ses juges et livre au fer du bourreau une tête innocente.

———

La mère de Lesurques devint folle le jour même de l'exécution de son fils et mourut deux ans après sans avoir recouvré la raison. L'aîné des trois orphelins qu'il laissait avait quatre ans, leur mère resta sept ans privée de raison, et dès le 10 novembre 1796 le fisc avait saisi jusqu'aux meubles de la famille.

M. Siméon n'avait mis son regrettable rapport au *Moniteur* que le 31 octobre, le lendemain de l'exécution ; le 6 novembre il recevait de M. Jarry, ancien juge de paix à Besançon, la lettre suivante :

Citoyen représentant,

Je viens de lire votre rapport sur l'affaire du malheureux Lesurques, condamné pour l'assassinat du courrier de Lyon ; mon cœur en est navré : il est innocent.

J'étais juge de paix à Besançon. Un négociant de Lyon, à la pour-
suite d'un homme qui lui avait volé deux millions, vint me prier
d'arrêter la femme de son voleur; je l'arrêtai. Dix à douze jours se
passent, et je suis informé que le mari de la détenue était dans la
ville. Je mets à sa recherche quatre commissaires de police, qui me
l'amènent au bout d'un quart d'heure. Je le fais fouiller; je lui
trouve dix-sept cent mille francs en assignats, et, dans sa valise,
deux cents louis d'or.

L'homme a été condamné à quatorze ans de fer. Dans le cours
de l'instruction, on acquit la preuve qu'il avait déjà été condamné
aux fers par le tribunal criminel du département de la Seine. Eh
bien cet homme était Dubosq. C'est l'homme indiqué par Courriol·

Ce Dubosq avait les cheveux châtains et une perruque blonde.
Je trouvai dans sa valise une autre perruque noire; il en changeait
à volonté. Ce Dubosq était déjà connu par des vols de tous genres;
il possédait à fond l'art du crime.

L'avant-veille de son jugement, l'accusé escalada les murs de la
prison; sa femme ne fut pas plutôt à la maison de force qu'il l'en
tira, et tous les deux sont libres.

Lorsque j'ai lu votre rapport dans le *Moniteur*, j'ai reconnu les
traits de Dubosq; cet homme était capable de tous les crimes, et
c'est lui, je n'en doute pas, que Courriol a désigné; c'est lui qui
est le complice de l'assassin.

Le signalement de Dubosq est au greffe du tribunal criminel du
département de la Seine.

L'énonciation faite par Courriol du nom de Dubosq n'est pas le
fruit de l'imposture, c'est la vérité toute pure.

Je vous écris encore plein de l'émotion que m'a causée la lecture
de votre rapport.

Le sort de Lesurques m'arrache les larmes. Quelle victime des
erreurs de l'humanité! Mais, s'il se peut, travaillez à la réhabilitation de sa mémoire, ce sera la stérile consolation de sa famille.

JARRY.

A défaut de la famille du malheureux condamné, M. Siméon travailla-t-il à la réhabilitation de la mémoire de Lesurques? — *La lettre de M. Jarry resta absolument ignorée
pendant trente-sept ans.* Elle ne fut tirée des cartons du

ministère de l'intérieur qu'en 1833, par M. de Montalivet, qui la transmit alors au garde des sceaux.

A défaut de la famille, à défaut de M. Siméon, M. Eymery, un des témoins du procès, et M. Daubanton, le juge d'instruction qui avait fait arrêter Lesurques, poursuivirent l'arrestation et la punition des vrais coupables dénoncés par la fille Bréban et par Courriol.

Courriol avait dit : « Les seuls qui aient pris part avec moi à l'assassinat du courrier de Lyon sont les nommés *Durochat*, *Vidal*, *Dubosq* et *Roussy*. »

Courriol, dit Étienne, était un brocanteur de bijoux, un marchand d'argent ; il fut exécuté en même temps que *Lesurques* et *Bernard*, qui avait prêté les chevaux, *le 30 octobre 1796*.

Durochat, dit Laborde, dit Véron, et dont le nom paraît être J.-B. Vacoux, chassé du mont-de-piété où il avait été employé, n'ayant d'autre asile que des maisons de tolérance, venait d'être condamné pour vol à quatorze ans de fers quand il fut reconnu pour un des assassins du courrier de Lyon par l'inspecteur des postes ; il fut exécuté le 9 août 1797.

Vidal, dit Dufour, dit Lafleur, dit le grand Lyonnais, et dont le véritable nom était Pialat, avait été condamné à vingt-quatre ans de fers à Grenoble. Arrêté à Paris pour un autre délit et reconnu pour un des assassins du courrier, il se sauve avec Duboscq. Retrouvé dans les prisons de Lyon, il est jugé et exécuté le 2 décembre 1798.

Dubosq, dit André, avait été condamné en 1784 aux galères perpétuelles à Besançon ; il avait subi une nouvelle

condamnation aux galères à Paris, et, arrêté une troisième
fois à Rouen pour de nouveaux méfaits, il avait encore réussi
à se sauver. En 1795, arrêté à Lyon avec sa maîtresse pour
un vol considérable, il escalade les murs de sa prison l'avant-
veille de son jugement et fait évader sa complice. Attendant
à Versailles sa comparution devant le jury pour répondre du
meurtre du courrier de Lyon, il fait avec Vidal une tentative
d'évasion dans laquelle il se casse une jambe. On déses-
pérait presque de sa guérison lorsque, dans la nuit du
16 août 1799, il se sauve avec sa maîtresse. Repris une
dernière fois et condamné, il est exécuté le 24 février 1801.
Béroldy, dit Roussy, dit Ferrary, dit l'Italien, s'était retiré
en Espagne, où il avait été arrêté pour un vol considérable;
remis à la police française, il fut jugé, condamné comme l'un
des assassins du courrier de Lyon et exécuté le 30 juin 1804.

La vérité des déclarations de Courriol est démontrée, et
si bien démontrée, que la justice ne craint pas de faire tom-
ber *sept têtes* alors que les assassins du courrier de Lyon
n'étaient que cinq.

Les filles *Bréban* et *Richard* déclarent que Lesurques a
été pris pour Dubosq.

Bernard, qui avait prêté les chevaux, et sans doute partagé le produit du vol, Bernard, dont l'alibi est démontré
par les pièces les plus authentiques (1), déclare au moment
de mourir que Lesurques est innocent.

---

(1) Salgues, *Réfutation du rapport de M. Zangiacomi.*

Vidal se contente de dire qu'il ne connaît pas Lesurques.

Dubosq, confronté, cinq ans après le crime, à des té-moins qui lui trouvent tous une grande ressemblance avec Lesurques, est reconnu par la femme Alfroy, qui avoue s'être trompée en déposant contre Lesurques.

Courriol a protesté jusqu'au dernier moment de l'inno-cence de Lesurques.

Durochat déclare, comme Courriol, que les seuls qui aient concouru au crime sont : lui Durochat, Roussy, Courriol, Dubosq et Vidal, avec Bernard, qui avait prêté les chevaux, mais qui n'était pas de l'assassinat.

Il ajoute :

« J'ai entendu dire qu'il y avait eu un particulier nommé Lesurques qui avait été condamné : je dois à la vérité de dire que je n'ai jamais connu ce particulier, ni lors du pro-jet, ni lors de son exécution, ni au partage ; *je ne le connais pas, je ne l'ai jamais vu.* »

Béroldy déclare qu'il n'a jamais connu Lesurques. Il monte sur l'échafaud en protestant de son innocence, mais après l'exécution, le curé qui l'avait assisté se rend chez le procureur général et lui déclare qu'arrivé au lieu du sup-plice, Roussy (Béroldy) l'a autorisé à dire que le jugement qui le condamnait était bien rendu ; que deux jours avant l'exécution, Béroldy lui avait remis, écrit de sa propre main, un testament de mort dont il avait exigé que l'ouver-ture fût différée de six mois.

En effet, ce testament, déposé chez un notaire de Ver-sailles et ouvert six mois après l'exécution, est ainsi conçu :

« *Je declare que le nome* LESURQUES ET INOCEN, *mes sete decalaracion que je done à mon confeseur, il ne pourra la décalarer à la justice que sixe mois apres ma morte.*

« *Signé :* LOUIS BÉROLDY. »

Si la déclaration de Béroldy était seule en faveur de Lesurques, cette attestation est tellement puissante, elle est, si je puis ainsi dire, tellement consacrée par les circonstances qui l'entourent et par la sainteté évidente des sentiments qui l'ont dictée, qu'un doute serait une profanation, presque un sacrilége. Seule elle suffirait à l'innocence de Lesurques (1).

Dès 1807, M. Daubanton adressait un mémoire au grand-juge en faveur de Lesurques, et il disait :

« La réhabilitation d'un innocent, condamné et exécuté, est de droit public. S'il n'existe plus de loi qui règle les formes à suivre pour y parvenir, elle peut être faite; elle remplira une lacune qui ne devrait pas exister et qui aurait peut-être encore existé longtemps dans nos lois criminelles, si l'affaire Lesurques n'en démontrait pas l'absolue nécessité. »

Dès 1821, la Chambre des pairs et la Chambre des députés demandaient au pouvoir exécutif cette réhabilitation, et depuis, toutes nos assemblées ont accueilli avec faveur la demande de la famille Lesurques.

Enfin, en 1851, à la suite du rapport de M. Laboulie,

---

(1) Rapport de M. Laboulie, à l'Assemblée Législative, 25 janvier 1851.

l'Assemblée législative nommait une commission de quinze membres pour reviser le procès de Lesurques, et, le 19 mars, elle prenait en considération la proposition de MM. de Riancey et Favreau, sur les modifications aux dispositions du Code d'instruction criminelle, relatives à la révision des procès criminels.

Le 11 juillet, l'Assemblée passait à une seconde délibération, à la majorité de 453 voix contre 185.

Et la troisième et dernière lecture allait avoir lieu quand la chambre fut dissoute par le coup d'État du 2 décembre.

————

La famille Lesurques se retrouvait et se retrouve encore en face de l'impossibilité de la réhabilitation légale. Depuis soixante-huit ans, elle poursuit vainement cette réhabilitation; la veuve de Lesurques, après être restée sept ans folle, est morte désespérée; son fils, volontaire de 1812, est allé mourir sous les glacés de la Russie; sa fille aînée s'est suicidée.

Sa dernière fille, mademoiselle Virginie Lesurques, sa petite-fille et ses quatre arrière-petits-enfants attendent encore aujourd'hui, avec une constance qu'a seule soutenue la conscience de leur droit, l'heure si tardive de la réparation.

15 mars 1864.

B^{on} DE JANZÉ.

Paris. — Imprimerie Poupart-Davyl et Comp., rue du Bac, 30.